AF276147

# DIARIO DEL DÍA DESPUÉS

# DIARIO DEL DÍA DESPUÉS

FERNANDO TRUJILLO SÁEZ

Valparaíso
EDICIONES

Número 482 de la Colección VALPARAÍSO DE POESÍA
dirigida por FEDERICO DÍAZ-GRANADOS

Diseño de colección y portada: Chari Nogales

Primera edición: abril de 2025
© De los poemas: Fernando Trujillo Sáez
© Imagen de portada: arvitalya

© Valparaíso Ediciones
C/ Fray Leopoldo, 7 bajo, 18014 Granada
www.valparaisoediciones.es

ISBN: 979-13-87538-43-9
Depósito Legal: GR 456-2025

Impreso en España - *Printed in Spain*
Gráficas Gami

# DIARIO DEL DÍA DESPUÉS

*Aquí habita el dolor:*
*ese salvaje cobrador diario*
*que llega, empuja, nos derriba*
*y queda.*
JAVIER EGEA, *PASEO DE LOS TRISTES*

# DESENLACE

La familia preparó la cena.
Habían venido todos a casa:
la hermana, los padres,
los tíos, la abuela,
todos los primos y primas.
Sólo faltaba el Niño.

Se abrieron puertas y armarios,
cajones, alacenas, baúles;
se miró bajo las mesas y la cama,
se arrancaron visillos y cortinas,
se movió cada mueble y cada objeto
con urgencia de gritos y de llantos.
La cena estaba lista,
pero faltaba el Niño,
que ya nunca llegaría.

Entonces se tiraron al suelo
los cubiertos y la vajilla,
la carne asada se arrojó
a la basura y el postre
se deshizo manchado de lágrimas.
La noche se llevó todas las voces
y dejó sólo la ausencia
sentada a la mesa, hiriente,
y la familia a su alrededor.

# EL NIÑO

*Para buscar mi infancia, ¡Dios mío!*
FEDERICO GARCÍA LORCA

El Niño entraba, salía,
y volvía a entrar
en cada habitación
con la mirada perdida
de quien no encuentra
algo que se le esconde,
una clave sin la cual
te conviertes en nadie.

Con desesperación el Niño abrió
el pecho de su padre y de su madre.
Los vació sobre la cama.
Movió sus viejos juguetes,
los libros, las fotografías
que lo mostraban feliz,
sonriente y relajado,
con la mirada puesta
en un futuro posible
que no habría de llegar.

Recorrió toda la casa: la cocina,
con los restos de la última cena;
el salón, con la imagen congelada
en el televisor; los dormitorios
con las camas deshechas, la ropa
en el suelo y las perchas vacías.

El Niño no encontró lo que buscaba.
Su rostro no estaba en los espejos,
ni en los retratos,
asustado e inmóvil,
varado en el tiempo.
Las fotografías son fragmentos
de un instante detenido.
El movimiento está en la mirada
de quien las contempla.

Agotado, el Niño
se tumbó en el suelo
y con sus manos untó
su cuerpo lentamente
con el fluido viscoso
que de las paredes brota.

Yace inerte, frío,
más allá del tiempo,
en el lugar donde compiten
el olvido y su recuerdo.

# LA MADRE

Eso que te has llevado no te pertenece.
Le di ojos para mirar las estrellas,
no para ser conchas y cenizas.
Cociné para él especias y olores;
ahora su boca permanece sellada.
Llené sus manos de besos y caricias,
para que algún día las entregara
a quien quisiera. Sus días sembré
con mis palabras y mis gestos
y de mi vida se adueñó
con su mirada y sus risas.
Eso que te llevaste
no te pertenecía.
Pero te lo llevaste.

# EL PADRE

Había hecho grandes planes para nosotros.

Había imaginado que surcarías
el cielo, levante fuerte en la cometa,
mirada al frente, abiertos los brazos,
entre pájaros y nubes, de cara al viento.

Antes de que tú llegaras
había previsto escenas
que ya nunca vivirás:
las amistades, el amor,
los estudios, tu trabajo,
tu marcha, mi soledad
y tu voz al teléfono
cuando me falten las fuerzas
y sea hora de partir,
partir yo, quedarte tú.

Tantos planes, tantas promesas.
Tu imagen se difumina
entre los cristales rotos
del resto de mi vida.

# LA HERMANA

Yo no pedí ser hija única.
Ni jugar a solas en mi cuarto
ni inventarme otras voces
para poder discutir con ellas.
Yo quería pelear contigo,
insultarte en voz baja
en el asiento de nuestro coche,
que tú estallaras y nuestros padres
dijeran: "Hijo, no hables así
a tu hermana, que es pequeña".

Sin abrir tus regalos, no quiero
Día de Reyes, ni vacaciones
sin tenerte cerca, a mi lado.
Yo no quiero ser la única hija
de esta familia que llora
sin descanso, que con desgana
juega conmigo a medias, sin poner
todo su empeño, como tú hacías
antes de irte y dejarme sola
en esta casa enorme sin hermanos.

# LA ABUELA

Antes de que tú te fueras, tu abuelo
nos dejó una noche de invierno.
Se marchó con un suspiro quejoso,
sin decir palabra, sin un "hasta siempre"
o un "te quise tanto"; sin él, la puerta
dejó de abrirse para las visitas
y se levantó un muro en su lugar.

Algunos años antes me abandonó
mi madre. Se llevó con ella el sabor
de la comida, el olor a limpio,
los refranes antiguos, sus historias
de vida, familia y muerte.

Se fueron mi padre y mi hermana,
se fueron las vecinas y amigas
con quienes hablaba cuando los días
tenían color y no esta mirada gris
que cayó sobre las calles de la ciudad
desde que todos os habéis marchado.

Ahora habitáis mis paredes
en cuadros que me miran en silencio
tras pulcros cristales que impiden
que crucemos una sola palabra.

Los días y las noches con vosotros
son una conversación interminable
de mi voz muda con vuestro silencio.

# LA NOCHE

La noche es un inmenso y hondo vacío
cargado de murmullos y extraños ruidos.

El día, con sus tareas y sus prisas,
transcurre con más premura y el dolor
solo llega cuando hay algún detalle
-una imagen, sonido o persona-
que derriba el hormigón de los muros
de este pantano que rebosa hiel.

Sin embargo, la noche es una boca
abierta, desdentada, que aúlla,
una lanzada que oprime y cierra
la entrada de aire fresco, quebrada
de un río insomne que no trae descanso,
un peso que anega la mente
y se retuerce en tu interior
como una tenia que te devora.

El día hay que resistirlo como se pueda.
La noche es sufrir y llorar lágrimas secas.

# PADRE NUESTRO

Padre Nuestro, que estás en los cielos
y desde ahí tú has permitido
que mi hijo inocente se vaya,
sin haber cumplido primaveras,
otoños, veranos o inviernos
suficientes para dar el camino
y todas sus etapas por cerradas
justamente, agotados los días.

Si tú, en tu inmenso egoísmo,
te lo has llevado para tenerlo
contigo, debes saber que no tienes
ningún derecho: fui yo quien estuvo
junto a su cama, noches en blanco
cuando el dolor se cosió a su cuerpo.

Padre Nuestro, si tú has marcado
que había llegado su hora, te maldigo
una y mil veces por tus silencios
y tus caprichos, tu amarga manera
de jodernos la vida con tus designios.

Si tú, Padre Nuestro, no tienes nada
que ver en esto, si es el desenlace
trágico de una biología finita,
entonces, Padre Nuestro, también
te maldigo, creador mediocre,
artesano pobre y sin recursos

que permite que su obra padezca
sin entender cuándo y por qué el final
llega y la vida se apaga sin remedio.

Finalmente, Padre Nuestro,
la tercera opción posible
es que tú solo seas mi voz
resonando en el vacío,
buscando alguna esperanza
y encontrando tu silencio,
Padre Nuestro.

# TRES ESCENAS

# PRENDIMIENTO Y SENTENCIA

Lo llevan desnudo, atado.
Una fuerza imparable
lo arrastra a su calvario.
Le han puesto en la frente
tres cruces y en los ojos
un monte que habrá de subir
paso a paso, fatigado.

No tiene escapatoria.
La condena se hizo firme.
Está sentenciado y el juez
es implacable, despiadado.

Se ha abierto un pasillo.
Su tiempo son los pasos
que tarde él en cruzarlo.

# CRUCIFIXIÓN

La cabeza reclinada
sobre la almohada blanca.
Los brazos abiertos muestran
la cruz de cables que late
al compás de una vida
que se despide y apaga.

A su lado, la madre
reprime el llanto; su mano
acaricia suavemente
su rostro amable y amado.

El silencio les cubre
como un velo pesado
que ahoga toda palabra.

# MUERTE

La muerte real no admite
poesía. Se sacude
los versos y nos muestra
su rostro, seco y duro,
como el último instante
afilado de la vida.
No se puede parar el tiempo.

No se puede poetizar
la muerte porque no tiene
contenido ni esencia.
No hay palabras más allá
de ese instante ínfimo,
minúsculo, esa rendija
de luz que, apenas se cierra,
deja tras de sí solamente
silencio.

# UN MES DESPUÉS

*Rere el vers més cruel ens espera un camí.*
*Tras el verso más cruel nos espera un camino.*
JOAN MARGARIT, *ANIMAL DE BOSQUE*

# MIS MIEDOS

Tu levedad secó en un instante
la fuerza de mis piernas y mis brazos.

Imaginé la oscuridad,
las esquinas, los portales,
los engaños, las heridas,
los dientes y las garras.
Tu mirada me condujo
al miedo, negro futuro
que no podía tocar
pero que me muerde
en la espalda y en el pecho,
lacerante alimaña,
tenia infecta que devora
mi cuerpo y se alimenta
del pavor que siento.

Las marcas de nuestra piel
son el pasaporte vivo
que señala las murallas
de espino que saltamos.
Desearía que tu cuerpo
permaneciera inmune
a los golpes de la Bestia.

Al llegar tú, inocente,
doné mis días y mis noches
a tu cuidado. Juré

entregarme sin descanso,
sin reparos. No hay excusas.

No me dejaron. No pude
entregarte mis ojos
para que miraras alto,
ni mi pecho, hoy marchito,
para robar un último
golpe de aire fresco.

No pude arrancar mis brazos
ni estas torpes manos mías
para que rompieras con fuerza
la concertina salvaje
que te ataba a la cama
donde te dije adiós.

No pude darte mis piernas
para que corrieras desnudo,
dejar atrás estas oscuras
paredes que se hunden
y nos arrastran a todos
hacia una noche eterna
de donde la luz escapa
y el tiempo se diluye
y expande infinito
para medir así el dolor
que siento.

Quise ocupar tu lugar,
tomar tu rostro, tu voz

simular, cargar tu nombre
y confundir a todos,
decir: "Soy yo, ven a por mí.
Deja a éste, no te confundas.
Es sólo un niño, no sabe nada,
no puede nada, no tiene nada.
Ven a por mí, estoy aquí solo
y me ofrezco a ti sin armadura.
Olvídalo a él: a ti me entrego."

No haber podido ser coraza y escudo
será mi tortura y mi castigo.

# LA RISA

La risa es energía expansiva.
Ocupa pasillos y habitaciones,
como un embalse que se desborda
y anega prados y caminos a su paso.

Escuchar tu risa mientras corrías
tenía un efecto luminiscente.
No había una sola parte de mí
que no brillara al oír tu risa.

Para hacerte reír no era necesario
truco alguno. Un simple traspié
era un billete expreso, incontenible,
hacia tu carcajada infantil e inocente.

Ver tus juguetes esparcidos
como migajas por el suelo
te provocaba al instante
una irreprimible risa,
como si cada cacharro surgiera
de la nada por primera vez
y no lo hubieras dejado
tú ahí la noche antes.

Nada extraordinario necesitabas
para reír entonces; ahora el eco
es una herida que se abre
en mi pecho. Meto mis dedos

en la llaga y la ensancho
para expulsar fuera de mí
todo lo frívolo y superfluo.

En mi interior sólo permanece
tu risa infantil como una percha
donde colgar el viejo abrigo
de mis gastados recuerdos.

# EL COLOR

La madre se ha comprado
un hermoso traje nuevo.
Al usarlo, su piel
la hieren cristales rotos
y cuchillas afiladas.
Cada color es un golpe
que le lacera el cuerpo.

Por la noche, al desnudarse,
se arranca los jirones
del vestido y de la cena,
conversaciones absurdas
de rostros sin nombres.

Cuando se desnuda,
el espejo muestra
un cuerpo tatuado
por todas las fechas
de su calvario.
Con el jabón borra
los trazos de tinta.
Sólo permanece
el dolor que clavó
la aguja en su piel,
hoy marchita.

# SALIR DEL DOLOR

Bloquearon la salida de emergencia.
Todas las puertas habían sido selladas.

Nos prometieron que veríamos
ventanas, grietas, hendiduras,
un resquicio.

Nada permitía salir
de aquella cueva de rocas
punzantes donde nos habían encerrado.

El dolor como una marca afilada,
indeleble, se agarra a tu cuerpo.
Todo se escucha desde la herida,
todo huele agrio como leche amarga.

El dolor te drena y te ahueca.
El dolor se ancla en tu garganta
y te quita la voz, ensordece
cualquier sonido porque el aire
duele como una lija
que te acaricia la tráquea.

No hay dentro ni fuera
del dolor: no se sale
del aire ni del tiempo.

Ante el dolor
sólo puedes
recoger los fragmentos
del jarrón esparcidos
por el suelo, pegarlos
unos a otros con saliva.
Las cicatrices se convierten
en la manera de decir
"estoy viva, me veis
andar y alimentarme,
os miro, me miráis,
pero no siento nada".

Quedad tranquilos:
la herida no ha de sanar.
Ahora yo soy la huella
de su existencia,
lo que queda de él
es mi dolor,
por él lo conservo,
me ocupa entera
mientras camino,
mientras trabajo,
mientras desnudo
mi cuerpo ante el espejo
para ver las llagas
de su ausencia
tatuadas sobre mí.

Yo soy el dolor
que te hace presente

en un mundo de vivos
que no sienten la pena.

Yo soy el dolor.
Te tengo presente.

# UN AÑO DESPUÉS

# CUMPLEAÑOS

Llegó tu cumpleaños.
El calendario olvidó anular
esa fecha o hacerla transparente
para no sentir que te ausentas
a la cita con las velas y la tarta.
Tu habitación sigue vacía;
a la fiesta sólo vino el silencio.

Ojalá con mis dientes pudiera
arrancar la fecha y devorarla
para olvidar que cada año
faltarás a tu encuentro con el tiempo.

Para ti los cumpleaños
son una cita perdida;
para mí, cada uno, un peso
cargado sobre mi espalda,
arqueada, quebrada, dolorida.

# HABLAR CONTIGO

Tengo costumbre de hablar contigo,
contarte cómo transcurren mis días
y que tú me escuches, en silencio,
mientras te cuento, preocupado,
que si en mi trabajo, tal o cual,
que tu madre, tú ya sabes,
tu hermana, se hace grande,
el viejo coche, hay que arreglarlo,
aquel ruido se sigue oyendo
y cualquier día pedirá el cambio,
pero por ahora aguantaremos,
quizás en marzo, quizás más tarde.

Te lo cuento todo mientras camino
por esta casa que era nuestra,
que está tan fría, y hablamos,
yo entretenido, tú en silencio.
Acaricio esa mesa donde están
tus libros, recojo los restos
de la cena y preparo algo
para comer, nada especial,
comida vacía, sabores insulsos,
sin conversaciones ni risas,
alimento vano que nos permite
mantener el cuerpo en marcha
con el corazón baldío.

Mientras tanto, te hablo y te hablo,
y tú, en silencio, me escuchas

en este diálogo de una sola voz
que ahora practico conmigo mismo.

Hablarte es un ejercicio de memoria
para no olvidar tu voz y recordar
que vivimos juntos, que algo de ti
permanece, que esta ausencia
es un error porque en mi interior
hay algo tuyo que sigue vivo
y yo lo escucho.

# CARTA A UN HERMANO

Hermano, no te volveré a ver.
Al principio te esperaba.
Tu presencia tardó mucho
en abandonar las paredes,
tu nombre resonaba sordo
en los pasillos de casa.

No te dije adiós.
Me habría gustado.
También hacerte
algún reproche
por dejarme sola.
Sin despedidas,
no es fácil entender
que te hayas ido.

Sin querer, cada día
nuestros padres me recuerdan
que tu ausencia es más fuerte
que todos los lazos. Me lo dicen
sus voces débiles, sus ojos,
que no sonríen si no se ponen
la máscara que usan para hablar
conmigo.

Para mí la vida también cambió.
Ahora la música en esta casa
de silencio que no respira

desde que te fuiste llega
sólo desde mis labios,
para mis oídos.

Tú no lo verás, pero mi cuerpo
irá creciendo, ocupando
cada centímetro que has dejado
vacío en esta mesa triste,
para llenarla yo de nuevo
de comentarios ligeros
y preocupaciones sencillas.

Por ti y a pesar tuyo
he decidido plantar
semillas por las esquinas,
regarlas con palabras
y pensamientos alegres
hasta que germinen
y devuelvan el color
a esta casa mortecina.

Aunque tenga que frotar
con fuerza mi piel,
quiero desprenderme
del llanto y refrescar
mi cara con nuevo aire:
volar, cancelar el dolor
y crecer a toda prisa,
ser yo, yo misma, yo,
sin el remordimiento absurdo
que me hace sentir culpable

del pecado incomprensible
de seguir viva un día más.

# IMÁGENES

¿Quién te recuerda hoy? No entran
mensajes nuevos en tu móvil
y tu *Instagram* está congelado
desde aquella tarde de agosto.
Tus cuentas en *Discord* y en *TikTok*
han enmudecido y ningún *like*
suena para ti desde hace tiempo.

Pero en una habitación
una niña se ha tatuado
tu fecha de nacimiento
para cargar siempre con ella
sobre su piel adolescente
e imagina amores que no fueron,
besos suspendidos en el aire,
esperando otra ocasión.

En otro cuarto, un amigo
recuerda guiños y planes,
complicidad construida
con palabras cargadas
de futuro, porque todo
estaba por escribir,
el guion no incluía
tu temprana ausencia.

Mientras tanto, en el carrusel
de imágenes de tu teléfono,

49

sigues bailando la cumbia
que sonaba aquel verano.
Guiñas un ojo, saludas,
giras, cantas, y el bucle vuelve
a comenzar con la canción
en el mismo punto,
la misma nota,
el mismo giro,
el mismo baile;
tú, ensimismado,
el gesto feliz,
una y otra vez,
una y otra vez,
una y otra vez,
bailando eternamente
aquella cumbia del verano.

# MUCHO TIEMPO DESPUÉS.
## EPÍLOGO.

*Lo oscuro pare luz, y eso consuela.*
PIEDAD BONNETT, *EXPLICACIONES NO PEDIDAS*

# EL CONTRATO

Vivimos según un contrato escrito en el agua.
Los términos legales del contrato
—nombre, domicilio, estado civil—
son un garabato ilegible.
La fecha está sellada con tinta
invisible, sangre seca y sudor.

Firmamos un engaño sin pensar
para mantener nuestra cordura.
Punto uno.
            *La vida es una inversión*
            *duradera y rentable.*
Punto dos.
            *La muerte es un mero cambio,*
            *impensable que sea eterna.*

El problema es la comprensión lectora.
No entendemos ni una palabra
del contrato; nuestra triste ambición
nos hace ver un "para siempre vivos"
en cada párrafo. Todo es mentira.

La vida, participación breve
en una larga e imperfecta
cadena de genes y decisiones,
es un tiempo definido por una biología
debil con tendencia al precipicio.
La muerte espera para abrazarnos,
agazapada, en alguna curva del camino.

La única promesa cierta es la soledad.
Todos seremos marcas difusas
en el libro de actas de la historia.
La profundidad del trazo
en la página del libro
es la única diferencia.

La duda es cuánto resisten
el amor y el recuerdo
frente al olvido.
Al silencio.

# FLOR DE UN DÍA

Veinticuatro fotogramas por segundo.
Si un fotograma es erróneo,
el cerebro lo borra y se agarra
a la sensación de movimiento
como si nada hubiera ocurrido.

Ocho mil millones de habitantes.
Un contador macabro y absurdo
contabiliza muertes y nacimientos.
Dicen que si lo observas fijamente,
olvidas tus miserias y tus logros.
En algunos casos extremos, dicen
que incluso tu nombre y apellidos.

Observo la calle
repleta de cuerpos,
personajes secundarios
en una película de época.
Escucho sus voces,
percibo sus pasos,
como figurantes
en vidas ajenas.
Flor de un día,
relámpagos en la noche,
más silencio que sonido.

La única conjugación verbal
capaz de dar sentido a la vida

es la primera.
El único antídoto,
temporal y parcial,
contra el anonimato
es el suave peso
de tu mirada sobre mí,
la cóncava delicadeza
de tu mano sobre mi mano.

# EN ARMAS

Me levanto feroz en armas
contra la fecha de tu muerte.
Vierto sin misericordia ni piedad
ácido, lodo, tierra y brumas
sobre los surcos de mi memoria.
Me niego a que tus ojos cerrados
y tu cuerpo exánime sean las cruces
que marquen esta fecha en mi recuerdo.

Sean las imágenes
de tu corta vida,
el pan que me nutre
y el aire que respiro.
No quiero ser esquela
ni recordatorio anual
del día de tu deceso.

Quiero vivir por tu luz,
abandonar las sombras,
dejar de reptar y arrastrarme,
levantarme con mis heridas
y mis llagas, encarnado dolor,
para volver a caminar
hasta que mis días se rindan,
agotados, y en el vacío
me una a ti tras nuestra muerte.

Ahora tú vives en mí
y yo, superviviente

del criminal meteorito
que extinguió mi sonrisa,
prometo cargar tu nombre
como señal de tu presencia
sobre la faz de la tierra.
Sea este diario tuyo y mío
testimonio de tu sangre
para que nadie olvide
que la muerte es destino, pero no fin,
si puedo sostener tu palabra
entre mis labios y tu nombre
entre estos versos.
Para siempre,
entre estos versos.

*A Pepe, cuya vida iluminó nuestra
existencia (2005-2021)*

# ÍNDICE

*Desenlace* ....................................................................11
*El niño* ........................................................................12
*La madre* ....................................................................14
*El padre* .....................................................................15
*La hermana* ................................................................16
*La abuela* ...................................................................17
*La noche* ....................................................................18
*Padre Nuestro* ............................................................19

TRES ESCENAS
*Prendimiento y sentencia* ............................................23
*Crucifixión* .................................................................24
*Muerte* .......................................................................25

UN MES DESPUÉS
*Mis miedos* .................................................................31
*La risa* .......................................................................34
*El color* ......................................................................36
*Salir del dolor* ............................................................37

UN AÑO DESPUÉS
*Cumpleaños* ...............................................................43
*Hablar contigo* ...........................................................44
*Carta a un hermano* ...................................................46
*Imágenes* ...................................................................49

## MUCHO TIEMPO DESPUÉS. EPÍLOGO
*El contrato*..............................................................55
*Flor de un día*........................................................57
*En armas*...............................................................59